MÉMOIRE

POUR LA FAMILLE

D'ISOARD-VAUVENARGUES

PARIS

ANCIENNE MAISON GUSTAVE RETAUX

C. PICHON-LAMY ET DEWEZ

LIBRAIRES-ÉDITEURS

15, rue Cujas, 15

—

1869

MÉMOIRE

POUR LA FAMILLE

D'ISOARD-VAUVENARGUES

La Référendaire soussigné,

Après avoir examiné les papiers, titres et documents concernant la famille d'Isoard–Vauvenargues, a l'honneur d'exposer les faits suivants :

I

L'origine des contestations qui se sont élevées entre la famille d'Isoard-Vauvenargues et MM. de Clapiers-Collongues remonte à trois ans environ.

MM. de Clapiers-Collongues, après avoir commencé à attaquer MM. d'Isoard-Vauvenargues, dans des mémoires qui sont restés sans réponse, les ont assignés au Tribunal civil d'Aix, à l'effet de leur faire défendre de porter le nom de « Vauvenargues » usurpé par eux. La famille d'Isoard-Vauvenargues pouvait laisser plaider au fond, mais ne voulant pas consentir à laisser discuter ses droits et ses titres par des tiers complétement étrangers à ce qui la concerne, contenta simplement d'opposer aux demandeurs des fins de non-recevoir : la première, tirée du défaut de qualité et d'intérêt des

demandeurs ; la seconde, tirée des lettres patentes du roi Louis XV,
en 1722, qui érigent en marquisat la terre de Vauvenargues. Ces
lettres patentes contiennent la généalogie fournie à cette époque par
'ι famille de Clapiers-Vauvenargues, et disent, entre autre chose,
qu'Antoine de Clapiers, dont veulent descendre MM. de Clapiers-
Collongues, est mort sans lignée (Voir aux pièces annexées le n° I,
page 13); cette singulière contradiction avec les prétentions des demandeurs en usurpation de nom est d'autant plus remarquable que l'acte
de naissance de Jacques de Clapiers-Collongues, fils présumé d'Antoine, ne peut pas être produit.

Le Tribunal civil d'Aix, par jugement du 6 mars 1867, n'accueillit
pas cette seconde fin de non-recevoir.

En admettant même avec le Tribunal que MM. de Clapiers-Collongues se rattacheraient à cet Antoine de Clapiers, que les lettres
patentes disent mort sans lignée, il n'en est pas moins vrai qu'il n'a
pu y avoir aucune erreur de la part de M. de Clapiers-Vauvenargues,
qui fournissait sa généalogie ; on doit présumer de sa part une
intention formelle de ne pas reconnaître la branche de Clapiers-
Collongues. Cette branche s'est subdivisée depuis en plusieurs
rameaux, dont l'aîné s'est perpétué à Vienne, en Autriche.

Le Tribunal, après avoir reconnu la commune origine (16e degré)
qui unissait MM. de Clapiers-Collongues et MM. de Clapiers-Vauvenargues, n'en repoussa pas moins les conclusions des demandeurs,
en leur refusant la qualité nécessaire pour attaquer MM. d'Isoard-
Vauvenargues (Voir aux pièces annexées au présent Mémoire le
n° II, page 14).

La Cour impériale d'Aix, sur l'appel de MM. de Clapiers, maintint
la décision du Tribunal par arrêt du 25 juillet 1867 (Voir la pièce
n° III, page 15).

Enfin, la Cour de cassation (Chambre des requêtes), rejetait, le
20 avril 1868, le pourvoi formé par MM. de Clapiers, en disant que

ces derniers n'avaient pas dans leurs veines une seule goutte du sang des Vauvenargues (Voir la pièce n° IV, page 16).

Pendant cette lutte judiciaire, MM. de Clapiers-Collongues, pour se créer un intérêt, s'étaient pourvus, devant Son Excellence le Garde des Sceaux, ministre de la Justice et des Cultes, en addition du nom de *de Vauvenargues*, mais la Cour de cassation proclama énergiquement dans son arrêt que cet intérêt, que le premier venu peut se créer, ne pouvait suppléer à la qualité qui leur faisait absolument défaut.

Ayant ainsi échoué devant toutes les juridictions civiles, MM. de Clapiers n'en continuèrent pas moins à poursuivre le but qu'ils s'étaient proposé, et, quelques jours à peine après l'arrêt de la Cour de cassation, *le 29 avril* 1868, ils formaient une nouvelle demande en addition de nom qui n'a pas encore reçu de solution.

La famille d'Isoard-Vauvenargues fit opposition aux dites demandes par des requêtes présentées par le Référendaire soussigné, les 20 et 22 mai 1868.

C'est vers cette époque (juin 1868), que M. d'Isoard-Vauvenargues (Jean-Gonzague-Léon-Edward), se pourvut en confirmation du titre de marquis.

MM. de Clapiers-Collongues ont formé opposition à cette demande, mais pour leur prouver leur défaut d'intérêt et de qualité à former cette opposition, il suffit de rappeler les motifs contenus dans les considérants des jugements et arrêts que nous avons cités plus haut.

MM. de Clapiers, disent ces arrêts, n'ont aucun intérêt ni aucune qualité pour introduire une instance en usurpation de nom, ils en ont donc encore moins pour former une opposition à une demande où il ne s'agit que d'un titre de marquis qu'ils ne peuvent même contester devant les tribunaux de l'ordre judiciaire.

II

Après avoir examiné ces faits préliminaires, voyons maintenant quels sont les titres que produit M. d'Isoard-Vauvenargues à l'appui de sa demande, et pour bien les apprécier établissons l'histoire de sa famille (Voir aux pièces le n° V, page 16).

Noble Jean-Antoine Isoard, bisaïeul du demandeur actuel, est décédé à Aix (Provence), le 17 juin 1781 (Voir aux pièces le n° VI, page 17). Il était né à Seyne (Embrunois), en 1717, et était fils d'Honoré Isoard, possesseur des fiefs de Beauvezet et de Fontenelle (Voir pièce n° VII, page 17).

Après avoir étudié le droit, et avoir obtenu sa licence, il fut nommé, le 2 décembre 1743, à l'âge de vingt-six ans, premier Consul et Maire perpétuel de sa ville natale ; il demeura dans ces fonctions pendant quatorze ans (Voir pièce n° VIII, page 17), et vint vers le milieu du siècle dernier à Aix, après avoir vendu les fiefs qu'il tenait de son père.

L'histoire du diocèse d'Embrun, publiée à cette époque, dit qu'on *vit avec regret cette famille distinguée quitter le pays.* Elle comptait en effet parmi les familles anciennes du diocèse d'Embrun, et c'était à la suite des vicissitudes des guerres de religion qu'elle avait été amenée à refaire sa fortune. On voit dans l'histoire de Sisteron, par M. de la Plane, T. II, page 467, que les premières familles de Provence ne dédaignaient pas de refaire ainsi leur fortune dans le commerce.

Veuf en premières noces de mademoiselle Carier de la Vernède, Jean-Antoine épousa en secondes noces, le 12 septembre 1764, Marie-Anne-Rose Pin, sœur du trésorier général des États de Provence, et acheta, en 1774, une charge de Secrétaire du Roi, ainsi que le constatent les registres du Parlement (Voir pièce n° IX, page 18) de Provence, où sont enregistrés, à la date du 3 janvier 1775, les lettres patentes de provision et de survivance de cette charge, obtenues le 1er décembre 1774.

Il eut de son second mariage trois enfants dont l'aîné, qui fut plus tard cardinal, n'avait que quinze ans lors de son décès.

Sa veuve nommée par son testament daté du 20 avril 1775, tutrice de ses enfants mineurs, avec pouvoir de vendre et d'acheter, voulait suivre les dernières volontés de son mari, elle cherchait à employer les sommes qui provenaient de la vente des biens de la Haute-Provence, à acheter une terre seigneuriale apportant avec elle non-seulement des droits utiles, mais encore les droits honorifiques les plus étendus.

Vers le milieu de l'année 1788, M. de Clapiers, marquis de Vauvenargues, déjà avancé en âge et n'ayant ni postérité ni parents de son nom au degré successible, fit à madame d'Isoard la proposition de lui vendre pour ses fils mineurs la terre seigneuriale et marquisat de Vauvenargues, située aux environs d'Aix. Cette proposition fut accueillie, et un acte de vente sous seing-privé fut alors rédigé. L'acte public ne devait être réalisé qu'au moment de la majorité des fils de la dite dame Isoard.

Malgré cette clause, il fut passé par devant Me Baylle, notaire à Aix, le 15 juillet 1791, du consentement de madame Isoard et de M. de Clapiers, qui, pressé par ses créanciers, voulait les désintéresser avec le supplément du prix qui n'était exigible qu'au moment de la passation de l'acte.

Il est reconnu dans l'acte de vente (l'état s'y trouve joint) que la dame d'Isoard avait déjà désintéressé une partie des créanciers du vendeur, et payé les impositions pour les ci-devant fiefs, composant le marquisat de Vauvenargues, pendant les années 1788 et 1789.

Le vendeur, Nicolas-François-Xavier de Clapiers, marquis de Vauvenargues, avait reconnu dans une *déclaration* du 1ᵉʳ avril 1791, antérieure de plusieurs mois à l'acte public, déclaration qui se trouve aux pièces annexées au présent Mémoire (Voir n° X, page 18), que « quoyque la vente faite à Madame Isoard de ma terre, sei-« gneurie et marquisat de Vauvenargues et de ses dépendances, » (donc il y avait un acte de vente rédigé antérieurement), « ne parle « pas nommément de la nobilité, titres, droits féodaux, etc... tous « les droits seigneuriaux et féodaux sont entrés en considération dans « le prix de la dite terre » (donc la vente et l'acte de vente existaient avant la nouvelle organisation décrétée par l'Assemblée nationale).

« Je déclare que les dits droits appartiendront à la dite dame « Isoard et à ses successeurs, propriétaires de la dite terre, renonçant « *pour moi et mes héritiers...* »

Le dit acte parle également de plusieurs clauses contenues dans le *traité* primitif.

En faisant l'acquisition de la terre de Vauvenargues au marquis de Clapiers-Vauvenargues, dernier représentant de sa branche, la famille d'Isoard avait en vue de se mettre en possession d'un fief ou seigneurie dont elle pouvait suivant l'usage relever le titre. La déclaration qui précède ne laisse aucun équivoque sur la commune intention des parties. Le bon sens dit du reste suffisamment que M. de Clapiers n'aurait pas pu vendre ce qui ne lui appartenait plus, et que la dame Isoard n'aurait pas fait la sottise d'acheter ce qui n'existait plus.

La famille d'Isoard-Vauvenargues ne produit pas l'acte de vente sous seing privé de 1788, mais l'absence en sera comprise facilement; on n'ignore pas, en effet, avec quelle furieuse persévérance les agents du pouvoir exécutif poursuivaient, en vertu de l'art. 6 de la loi du 17 juillet 1793, la destruction de tous les titres et documents relatifs à notre ancienne organisation politique et sociale. La famille d'Isoard en ressentit particulièrement les effets, ses archives furent brûlées sur la place publique de Vauvenargues en exécution d'un ordre de la municipalité qui avait menacé madame d'Isoard de cinq ans de fer pour le cas où elle refuserait de leur livrer les documents et titres qu'elle avait en sa possession (Voir la pièce n° XI, page 19).

L'acte sous-seing privé de 1788 qui était connu comme le principal titre de propriété du fief, n'échappa pas aux exigences de la municipalité.

Pendant l'émigration, Louis de Gonzague Mitre Isoard fut connu sous le nom d'Isoard de la Sine (voir dans le dossier déposé à la Chancellerie l'acte de notoriété qui constate ce fait) et le comte de Provence, qui fut depuis Louis XVIII, l'autorisa par lettres patentes signées à Verone le 8 octobre 1794, à porter et à transmettre à ses descendants le titre de marquis de Vauvenargues, confirmant ainsi la cession qui avait été faite du marquisat de Vauvenargues par l'ancien possesseur, à la famille d'Isoard. (Voir pièce n° XII, page 19).

C'était en faveur du troisième fils que la reconnaissance du titre de marquis était faite, ce qui s'explique par l'intention qu'avaient les deux aînés d'entrer dans les ordres. L'aîné seul y entra et mourut le 9 octobre 1839, cardinal, archevêque d'Auch, duc et Pair de France. Le second mourut également sans postérité, (ainsi que le prouve un acte de notoriété déposé à la Chancellerie).

Le troisième, Louis de Gonzague Mitre, possesseur du titre de marquis était mort le 4 décembre 1836 après avoir rempli de hautes fonctions administratives. Marié à son retour de l'émigration à mademoiselle Polixène de Rostolan, il lui restait deux fils de ce mariage lors de son décès.

L'aîné de ces fils, Aloys Joachim, né en 1801, marié à mademoiselle de Coriolis, eut de ce mariage deux fils et deux filles, et mourut à Rome, le 20 novembre 1847, auditeur de Rote pour la France.

L'aîné des fils de Mgr Aloys Joachim est le demandeur actuel, qui s'est marié en 1865, à mademoiselle de Rougé.

La famille d'Isoard prit le nom de de Vauvenargues aussitôt qu'elle le put. En 1807, Joachim Jean Xavier, depuis cardinal nommé alors par S. M. l'Empereur, auditeur de Rote en 1804, figure dans l'Annuaire de Rome sous le nom de Gioachimo Gio Savario Isoard de Vauvenargues, et cette double appellation lui est donnée en 1809 et 1811 par la correspondance émanée du cabinet de S. A. I. et R. Madame, mère de l'Empereur.

Louis de Gonzague Mitre ne prit pas d'autre nom que celui de *Isoard* dans son acte de mariage et dans les actes de naissance des enfants nés de cette union en 1800, 1801, 1804, mais chacun de ces derniers a toujours eu, dans les actes de la vie civile, sauf cette exception, possession d'État du nom d'Isoard-Vauvenargues ou d'Isoard de Vauvenargues. Aloys Joachim et Bruno Marc Léon sont ainsi nommés dans leurs diplômes de licenciés en droit (1817, 1822). Aloys Joachim est ainsi appelé dans ses provisions de substitut du procureur du roi (1823) dans son acte de mariage (1834) et dans son acte de décès (1847).

Quant à ses descendants ils eurent toujours la possession du nom d'Isoard-Vauvenargues.

Dans les actes de l'État-Civil, les noms d'Isoard et de Vauvenargues se trouvent joints dès qu'on put les joindre. Ainsi : acte de décès de Suzanie d'Isoard-Vauvenargues (du 5 mai 1819), acte de décès de Marie-Anne-Rose Pin, décédée en l'hôtel de son fils, M. d'Isoard-Vauvenargues, (septembre 1823), acte de mariage d'Emma d'Isoard-Vauvenargues (1832).

Le roi Louis XVIII, rentrant en France et signant l'art. 71 de la Charte, et en la datant de la dix-neuvième année de son règne confirmait tous les actes relatifs à la noblesse qui avaient été faits par lui pendant la période où il avait été éloigné de France.

Monsieur Gonzague d'Isoard-Vauvenargues et ses auteurs croyaient donc n'avoir besoin d'aucune nouvelle consécration de leur droit au titre de marquis qu'ils ont porté jusqu'ici sans contestation, ils n'auraient pas manqué de le faire régulariser plus tôt s'ils avaient pensé un moment ne pas être en règle; ils auraient du reste, dans le cas contraire, fait usage du titre de baron qui leur a été concédé sous leur nom patronymique et qui était porté par les fils aînés du vivant de leur père.

Monsieur de Clapiers-Collongues, père des opposants, prit lui aussi, en 1814, le titre de marquis. C'était bien l'occasion alors de revendiquer le nom de Vauvenargues ou de l'ajouter tout simplement au sien de la même façon qu'il y avait ajouté le titre de marquis, mais il n'en fit rien, connaissant le droit de la famille d'Isoard à le porter; c'est donc après cinquante-quatre ans que ses fils viennent faire un procès en usurpation de nom, demander à joindre à leur nom patronymique celui de Vauvenargues et s'opposer injustement à une demande en confirmation de titre qui ne les regarde nullement. Recherchant les motifs qui ont poussé MM. de Clapiers-Collongues à attaquer la famille d'Isoard après plus de trois quarts de siècle d'une paisible possession du nom de Vauvenargues, nous n'en trouvons qu'un seul. En face de la loi du 28 mai 1858, ils ont cherché à se mettre à l'abri des poursuites qu'aurait pu leur attirer cette loi.

C'est avec la plus grande confiance que M. d'Isoard-Vauvenargues vient devant le Conseil du Sceau des Titres, et il espère que prenant en considération :

La vente de la terre de Vauvenargues par le dernier marquis de Clapiers-Vauvenargues;

La déclaration du 1er avril 1791, dudit marquis de Clapiers;

L'art. 71 de la Charte de 1814 ;

La paisible possession du nom de Vauvenargues et du titre de marquis depuis trois quarts de siècle ;

S. E. M. le Garde des Sceaux et le Conseil du Sceau voudront bien appuyer auprès de S. M. l'Empereur sa demande en confirmation du titre de marquis.

Paris, ce 20 décembre 1868.

MANSAIS,
Référendaire au Sceau de France.

PIÈCES JUSTIFICATIVES

— — —

I. — *Généalogie de la famille de Clapiers d'après les lettres patentes constitutives du marquisat de Vauvenargues (1722).*

JEAN DE CLAPIERS, seigneur de Pierrefeu, marié en 1509.

ANTOINE DE CLAPIERS, seigneur de Pierrefeu, mort sans lignée.

FRANÇOIS DE CLAPIERS, marié en 1548, à Marguerite de Seguiran, dame de Vauvenargues.

BONIFACE DE CLAPIERS, seigneur de Vauvenargues.

JEAN DE CLAPIERS, seigneur de Sambric, branche éteinte en 1700 environ.

JEAN-FRANÇOIS DE CLAPIERS, seigneur de Vauvenargues.

HENRY DE CLAPIERS, seigneur de Vauvenargues.

FRANÇOIS DE CLAPIERS, seigneur de Vauvenargues.

JOSEPH DE CLAPIERS, marquis de Vauvenargues.

II. — *Jugement du tribunal d'Aix* (7 mars 1867).

Attendu qu'il est constant au procès que ni les demandeurs ni leurs ascendants n'ont jamais porté le nom de Vauvenargues, — qu'il résulte de *l'arbre généalogique produit par les demandeurs eux-mêmes* que Jean II de Clapiers, seigneur de Pierrefeu, dont il a déjà été parlé, laissa trois enfants : 1° Antoine de Clapiers qui, ainsi qu'il a été dit, épousa en 1515 Jeanne de Cabannes, dame de Collongues, — c'est la première source des Clapiers-Collongues; 2° Nicolas de Clapiers, mort sans postérité; 3° François de Clapiers qui, le 19 novembre 1518, épousa Marguerite de Seguéran, fille de Boniface de Seguéran, seigneur de Vauvenargues.

Que c'est à partir de ce mariage que tous les descendants de François de Clapiers prirent le titre de seigneurs de Vauvenargues, jusqu'en 1722 où les terres de Claps et de Vauvenargues furent, ainsi qu'il a été dit, érigées en marquisat; que cette branche cadette des Clapiers-Vauvenargues s'est éteinte le 28 mai 1747, par le décès du célèbre moraliste Luc de Clapiers, marquis de Vauvenargues, et le 27 juillet 1801, par le décès de Nicolas-François-Xavier de Clapiers, également marquis de Vauvenargues et frère du précédent. — *Que si l'on s'en réfère au même arbre généalogique,* les demandeurs sont parents au seizième degré des deux derniers marquis de Clapiers de Vauvenargues; — que c'est en cet état et alors que *soixante-quatre ans* se sont écoulés depuis la mort du dernier marquis de Clapiers de Vauvenargues, que les sieurs de Clapiers ont formé leur demande contre les sieurs d'Isoard.

Attendu qu'il est de principe admis par la jurisprudence que l'action en pareille matière n'est admise que de la part de ceux qui ont eux-mêmes la propriété du nom contesté. — Que c'est à tort que les sieurs de Clapiers affirment dans leurs conclusions que le nom de Vauvenargues est la propriété exclusive de la famille de Clapiers; qu'ils auraient dû au moins distinguer, et dire que ce nom, jusqu'à la fin du dernier siècle était la propriété exclusive de la branche cadette des Clapiers. — Qu'en effet si Nicolas-François-Xavier de Clapiers, mort en 1801, était décédé *intestat* comme il est mort sans postérité, Jacques et Lazare de Clapiers, se trouvant au seizième degré par rapport à lui, n'auraient pas pu hériter de ses biens, puisque sous l'ancien régime, d'après les statuts de Provence, il n'y avait de succession possible que jusqu'au dixième degré, et que sous le régime du Code Napoléon il n'y a plus de degré successible après le douzième. — Qu'il faudrait donc, dans le système des demandeurs, admettre pour les noms un droit de succession tout particulier, qui n'est d'ailleurs reconnu par aucune loi, par aucun document de jurisprudence, et qui entraînerait les plus graves inconvénients, car il donnerait ouverture à des prétentions sans nombre et à des recherches de généalogie très-difficiles, recherches que la loi a précisément eu en vue de prévenir pour les successions, lorsqu'elle a posé la limite, autrefois le dixième, aujourd'hui le douzième degré.

. . . .

. . . .

Attendu que l'admission par le tribunal de la deuxième fin de non-recevoir tirée du défaut de qualité, la dispense d'examiner les autres et notamment celle tirée du défaut d'intérêt.

Le tribunal, sans qu'il y ait à rechercher si les sieurs d'Isoard portent régulièrement le nom de Vauvenargues, déclare les sieurs de Clapiers non-recevables dans leur demande, les en déboute et les condamne aux dépens.

—

III. — *Arrêt de la Cour d'Aix* (25 juillet 1867).

. . . .

. . . .

Attendu d'ailleurs que Jean de Clapiers, seigneur de Pierrefeu, le chef commun des deux branches, celui qui établit le lien de parenté et dont les Clapiers-Collongues descendent, n'a jamais porté le nom de Vauvenargues, que ce nom n'est entré dans sa famille que par le mariage de son fils cadet avec une demoiselle de Séguiran, apportant en dot la terre de Vauvenargues; qu'il n'y a donc rien de ce nom dans le sang des Clapiers-Collongues puisque celui qui leur a transmis ce sang n'était pas lui-même un Vauvenargues.

Attendu qu'il résulte de tout ce qui précède qu'il n'y a à la base de l'action des Clapiers-Collongues, aucune qualité faisant naître un intérêt légitime soit à raison de la possession, soit à raison de la propriété, soit à raison du lien du sang et de la solidarité d'honneur entre les familles.

Attendu qu'ils excipent vainement de l'intérêt qui serait né pour eux de la demande qu'ils ont introduite devant le Conseil d'État et qui tend à obtenir l'autorisation de joindre à leur nom celui de Vauvenargues.

Attendu, en effet, que cet intérêt, qu'il appartiendrait au premier venu de faire naître, ne saurait suppléer à la qualité qui leur manque ni équivaloir à un intérêt préexistant et dérivant de cette qualité ;

Attendu que, la fin de non-recevoir étant admise, il n'y a pas lieu de rechercher au fond si la famille d'Isoard porte régulièrement le nom de Vauvenargues ;

La Cour confirme.....

—

IV. — *Arrêt de la Cour de Cassation* (20 avril 1868).

Attendu qu'il est constaté en fait par l'arrêt attaqué que les demandeurs en cassation, les Clapiers-Collongues ni leurs auteurs n'ont jamais porté le nom de Vauvenargues; que si ce nom a été joint à celui d'une branche collatérale de leur famille aujourd'hui éteinte, par le mariage de François, fils de Clapiers, seigneur de Pierrefeu, avec une demoiselle de Séguiran, qui lui apportait en dot la terre de Vauvenargues, les demandeurs ne sont parents qu'au seizième degré et n'ont pas d'ailleurs dans leurs veines une seule goutte du sang des Vauvenargues.

Qu'à l'objection prise de ce qu'ils étaient en instance pour obtenir l'autorisation de joindre à leur nom celui de Vauvenargues, le juge du fait a répondu à bon droit que cet intérêt que le premier venu peut se créer ne saurait suppléer à la qualité qui leur fait si absolument défaut.

Qu'en cet état du fait, en repoussant la demande, sans même examiner quel droit les défendeurs éventuels peuvent avoir à porter le nom de Vauvenargues, l'arrêt attaqué n'a violé aucun principe de droits.

Par ces motifs rejette.....

V

Noble JEAN - ANTOINE ISOARD, secrétaire du roi, épouse Marie-Anne-Rose Pin.

JEAN-JOACHIM - XAVIER D'ISOARD VAUVE-NARGUES, cardinal, archevêque d'Auch, duc et pair de France.	JEAN-ANTOINE D'ISOARD VAUVENARGUES décédé sans postérité.	LOUIS DE GONZAGUE MITRE D'ISOARD VAU-VENARGUES, épouse Mlle Polixène de Rostolan.
	ALOYS-JOACHIM D'ISOARD VAUVENARGUES, épouse Mlle Augustine de Coriolis.	MARC-BRUNO-GUSTAVE, D'ISOARD VAUVE-NARGUES.
	JEAN-GONZAGUE-LÉON-EDWARD D'ISOARD VAUVENARGUES, épouse Mlle de Rougé.	MARIE - LOUIS-GUY D'ISOARD VAUVE-NARGUES.

VI. — *Acte de décès.*

Noble Jean-Antoine Isoard, secrétaire du Roi, époux de dame Marie-Anne-Rose Pin, âgé de soixante-quatre ans environ, est mort le 27 et a été enseveli le 28 juin 1781, en présence de Messieurs Roche, curé, et Combe, prêtre. Signé, Roche, curé, Combe, prêtre, et Dupuy, prêtre.

VII.

Les registres des investitures de la Cour des Comptes de Provence contiennent l'investiture de la seigneurie de Beauvezet et de Fontenelle. Nous nous contentons de transcrire ici un extrait de la prestation de foy et hommage pour ledit fief.

Extrait du registre des hommages, conservé aux archives de sa majesté en Provence, collationné par nous, conseiller du roi en la dite Cour des comptes, codes et finances, commissaire aux dites archives. *Signé :* de Collas de Pravines.

L'an 1740 et le deuxième jour du mois d'Août, étant nos seigneurs, assemblés dans la chambre du conseil pour les affaires du roi et de la justice : sieur Honoré Isoard résidant en la ville de Seyne a fait hommage au roi, notre sire, comte de Provence et prêté serment de fidélité entre les mains de messire Jules François Auguste de Margallet conseiller du roi en ses conseils et son président de la Cour pour raison de partie de la terre et seigneurie de Beauvezet et de Fontenelle qu'il a acquis. . . . .
Présents Monsieur Maître Jean Baptiste de Pilton, seigneur de Tournefort, conseiller du roi en ses conseils et son avocat général en la Cour, lequel a consenti au dit hommage en présence de Maître François Frigier, greffier en chef de la Cour et Antoine Artaud premier huissier en icelle.

La famille d'Isoard a entre autres actes en sa possession, un extrait de procuration du 2 avril 1837, où se trouve qualifié Honoré Isoard du dit Seyne, seigneur du lieu de Beauvezet, signé par les témoins requis et par Reynier notaire.

VIII.

Acte de réception par le sieur Isoard de Saint-Jean, juge royal de la ville de Seyne, de Jean Antoine en qualité de conseiller du roi, maire perpétuel de la dite ville, le 2 décembre 1713 (ledit acte est entre les mains de la famille d'Isoard-Vauvenargues).

Les consuls de Seyne dont le maire perpétuel était le premier, avait des droits que les consuls de la plus part des autres communautés du royaume n'avaient pas. Ils étaient juges ordinaires, lieutenants généraux de police et chefs de vigneries. (Priviléges des consuls de Seyne. Histoire du diocèse d'Embrun par le curé Albert, 1783., Tome 1er page 432 et 433).

IX. — *Extrait du registre du parlement.*

Sur la requête présentée à la Cour par noble Jean Antoine Isoard, de cette ville d'Aix, conseiller, secrétaire du roi, maison, couronne de France, près la Cour de Parlement de Provence, tendant à l'enregistrement de lettres patentes de provision, de l'État et office de secrétaire du roi, en la dite chancellerie, par lui obtenues de Sa Majesté, le 1er du mois de décembre dernier, accompagnées de celles de survivance, expédiées le même jour......... Fait le troisième jour du mois de janvier 1775. Collationné. Signé: Aillaud.

X.

Quoyque la vente que (la feuille sur laquelle se trouve écrite cette déclaration ayant été portée à Vérone pendant l'émigration, est très usée, et lacérée à plusieurs endroits, notamment dans cette partie, ce qui empêche de lire deux ou trois mots) faite à Madame Isoard de ma terre, seigneurie et marquisat de de Vauvenargues et ses dépendances, ne parle pas nomement de la nobilité, titres, droits seigneuriaux et feodaux qui ont été suprimés par les décrets de l'Assemblée nationale avec ou sans indemnité ; néanmoins la vérité et nos véritables accords sur cette vente sont que tous les titres, droits seigneuriaux et feodaux que je pouvais avoir avant les décrets de l'assemblée nationale et ceux généralement quelconques qui m'ont resté après, comme le peage ou le sol de la Carraise ont fait partie et sont entrés en considération dans le prix la dite terre : au moyen de quoy, comme il est dans l'ordre des possibilités que quelqu'uns des dits droits suprimés et même tous soient rétablis, si ce retour arrive soit en totalité soit en partie, je déclare que les dits droits apartiendront à Madame Isoard et à ses successeurs propriétaires de la dite terre ; renonçant pour moy et mes héritiers à tout bénéfice de rétablissement d'aucun des dits droits pour les raisons sus-dittes et pour qu'il conste de notre traité à cette égard, je luy ay fait la présente déclaration, et promis que dans le cas ou il sera deu un lods pour raison de la dite vente et qu'elle voudra l'affranchir, je ferat toutes les démarches nécessaires pour l'obtenir, à condition qu'elle payera le montant du dit affranchissement, cette clause faisant également partie du traité.

Fait à Aix, le premier avril mil sept cent quatre vingt onze.

Signé : CLAPIERS-VAUVENARGUES
Approuvant le contenu ci-dessus.

XI

Vauvenargues, le 15 pluviose de l'an II de la République.

A la citoyenne Pin Isoard, rue Villeverte, à Aix.

Nous vous avions, dans un temps écrit, citoyenne, de nous passer tous les titres constitutifs et récognitifs des droits féodaux supprimés par les décrets de la Convention nationale afin qu'ils fussent, conformément à l'art. 6 de la loi du 17 juillet 1793 (vieux style) brûlés en présence du Conseil général de la Commune, et cette lettre a été sans réponse. Nous vous requérons aujourd'hui de nous faire parvenir sans délai tous les titres que vous avez, sous peine par votre refus d'encourir la punition portée par l'art. 7 de la dite loi ci-dessus, qui est de cinq années de fers.

Le maire, officier municipal de Vauvenargues,

Signé : GUIRAND, off. m.

XII

Louis-Stanislas-Xavier de France, fils de France, oncle du roy, régent du royaume;

Certifions que le S. d'Isoard de la Sine marquis de Vauvenargues,

Est resté fidèle au Roy et à la monarchie et qu'en témoignage de notre satisfaction nous l'autorisons à porter et à transmettre à ses descendants, le titre, ci-dessus énoncé, confirmant par cet acte de notre volonté, la cession qui lui en a été faite par l'ancien possesseur, ainsi qu'il nous a été justifié.

Nous prions tous ceux qui sont à prier de le laisser passer librement, sans lui donner aucun empêchement, lui accordant au contraire l'assistance en pareil cas requise.

En foy de quoy nous lui avons fait expédier le présent certificat signé de notre main, et auquel nous avons fait apposer le sceau de nos armes.

Donné à Vérone, le 8 octobre 1791,

Signé : LOUIS-STANISLAS-XAVIER.